PAGES MILITAIRES

DE MOIREMONT

DEPUIS L'ÉPOQUE RÉVOLUTIONNAIRE JUSQU'A NOS JOURS

PAR

l'Abbé Louis LALLEMENT

CURÉ DE MOIREMONT

Correspondant de l'Académie Nationale de Reims
et de la Société d'Agriculture, Commerce, Sciences et Arts de la Marne
Membre de l'Association Française pour l'avancement des Sciences

« *Sic patriæ volumus, sic nobis vivere cari* ».

OVIDE.

REIMS

IMPRIMERIE ET LITHOGRAPHIE MATOT-BRAINE

Henri MATOT (I. ✪), Fils et Successeur

6, RUE DU CADRAN-SAINT-PIERRE, 6

1909

PAGES MILITAIRES DE MOIREMONT

« *Sic patriæ volumus, sic nobis vivere cari* ».

OVIDE.

PAGES MILITAIRES

DE MOIREMONT

DEPUIS L'ÉPOQUE RÉVOLUTIONNAIRE JUSQU'A NOS JOURS

PAR

l'Abbé Louis LALLEMENT

CURÉ DE MOIREMONT

Correspondant de l'Académie Nationale de Reims
et de la Société d'Agriculture, Commerce, Sciences et Arts de la Marne
Membre de l'Association Française pour l'avancement des Sciences

« *Sic patriæ volumus, sic nobis vivere cari* ».

OVIDE.

REIMS

IMPRIMERIE ET LITHOGRAPHIE MATOT-BRAINE

Henri MATOT (I ✿), Fils et Successeur

6, RUE DU CADRAN-SAINT-PIERRE, 6

—

1909

I

Sous l'ancien régime le service militaire subit de nombreuses vicissitudes et les améliorations les plus remarquables s'accomplirent au XVIIe siècle. Les anciens registres paroissiaux de Moiremont mentionnent, en 1780, le mariage de Nicolas Mauget « soldat provincial de la levée de 1779 pour les communautés de Moiremont et de La Neuville-au-Pont », fils de Nicolas Mauget et de Magdeleine Pouplier, avec Jeanne Dorizy.

Après lui, le premier nom que nous puissions tirer de l'oubli, est celui d'Antoine Gillon, né à Moiremont le 10 octobre 1750, fils de Charles Gillon et de Catherine Tharon. Pendant huit années, du 22 février 1772 au 22 février 1780, Antoine Gillon servit dans le régiment de Hainaut ; puis, le 1er décembre 1780, entra dans les fermes du roi et en sortit sous-brigadier, le 1er avril 1791. La Révolution reconnut ses dix-huit années de dur service, en lui accordant une pension de 100 livr. 16 s. 8 d.

Ses compatriotes le nommèrent capitaine de la garde nationale de Moiremont le 25 février 1792. Le 8 juillet 1792, « la municipalité de la commune de Moiremont, assemblée sur la place, à l'issue des vêpres, au son de la caisse, pour la nomination d'un député pour la fédération du chef-lieu de district de Sainte-Menehould, la pluralité s'est trouvée en faveur d'Antoine Gillon (1) ».

Le 5 janvier 1793, ce dernier se rendait au poste de gendarmerie de Sarre-Louis (Alsace-Lorraine). C'est là qu'il re-

(1) Arch. mun. de Moiremont.

çut sa nomination de sous-lieutenant des préposés à la police du commerce extérieur, à Dilling (canton de Sarre-Louis) (1).

Cependant Gillon revint à Moiremont et le 2 frimaire an III, il épousait Marie-Marguerite Renaudin, fille de ce Louis Renaudin dont parle le « naoué » de Moiremont. Il reçut la bénédiction nuptiale dans la maison paternelle de son épouse, « pendant la plus grande terreur », des mains de Dom Grosjean ancien prieur et dernier moine de l'abbaye de Moiremont (2). Antoine Gillon mourut âgé de soixante-dix-sept ans et fut inhumé le 1er février 1828.

(1) Arch. part. de l'auteur.

(2) Dom Grosjean habita la maison Renaudin jusqu'à sa mort (22 oct. 1807). Cette maison qui faisait face au village, fut détruite en 1840, lors de la construction de la route de Sainte-Ménehould à Binarville.

II

Gardes Nationaux et Volontaires

L'Assemblée Nationale et l'Assemblée Législative, en proclamant la patrie en danger, provoquèrent sur tous les points de la France, d'innombrables enrôlements. Les gardes nationales fondées depuis 1789, vinrent à propos, compléter les bataillons de volontaires. Le 25 août 1791, six gardes nationaux P. Julliot, P.-N. Hannequin, J.-L. Boudaille, P. Mauget, J. Julliot, Claude Lallemand, s'inscrivaient comme volontaires et se rendaient à Châlons le 4 septembre suivant (1). Le 14 septembre 1791 les gardes nationaux étaient groupés par canton et Moiremont rattaché à La Neuville-au-Pont. Les hommes étaient autorisés à se servir des armes des particuliers ; à défaut d'armes, les municipalités fourniraient des piques. Moiremont fournit un fusil, une baïonnette et une giberne à ses hommes : J. Mauget, M. Noailles, P. Noailles, Jacques Lorcet, P.-L. Mauget, Cl. Tharon, Cl. Thomas, Claude, Jean et Antoine Pouplier, J.-G. Yunck, Guisbert Larocque, Remy Noailles, Ch. Noailles, N. Soudant, Jacques Potier, Joseph Philippe (2). Ces nationaux, nous les retrouverons bientôt parmi les volontaires de 1792 ou dans les contingents de 1793.

Le 26 février 1792 soixante citoyens actifs de Moiremont réunis au greffe de la municipalité, donnaient à la garde nationale de nouveaux officiers et sous-officiers.

(1) Arch. mun. de Moiremont.

(2) Arch. mun. de Moiremont.

Capitaine : Antoine Gillon; lieutenant : P.-N. Boudaille ; sous-lieutenants : Ch. Tirlet, J.-L. Hannequin ; sergents : J. L. Mathieu « ancien brigadier commandant une division roulante de la cy-devant ferme générallé », P. L. Mauget ; caporaux : Ch. Pouplier, J. Potier, P. Tharon, Cl. Burgain (1).

Au mois d'août 1792, lors des réquisitions du maréchal Lückner, pour la formation de grenadiers nationaux, Moiremont fournit deux grenadiers : François Batier et Joseph Philippe (2).

Après la bataille de Valmy, quatre volontaires avaient regagné Moiremont (3). Les deux premiers, P.-N. Hannequin et Pierre Mauget, étaient munis d'un billet d'hôpital. Les deux autres, Nicolas Soudant et Jean-Louis Boudaille n'avaient « ni congé, ni permission » et ne voulaient rejoindre leurs corps que sur un appel nouveau de l'Assemblée Nationale. Ordre fut donné aux municipalités de se faire représenter les congés des soldats rentrés au pays. Les engagements volontaires, où des enfants, des vieillards, des femmes même s'étaient inscrits, devaient être suivis, on le comprend, de plusieurs défections. C'est à ce sujet que le 15 février 1793, le maire de Moiremont, Pierre Boudaille écrivait au directoire du district de Sainte-Ménehould. « C'est pour répondre, disait-il, à votre lettre du 26 janvier, au sujet des volontaires qui sont dans notre paroisse. Je leur ay fait part de votre lettre, je leur ay sommé de rejoindre sur le champ, il m'ont fait réponse que tant qu'il n'y viendroit pas d'autre nouvelle qu'il refusait de rejoindre. Ils sont au nombre de sept volontaires du 2e bataillon de la Marne qui sont : Pouplier, Soudant, Boudaille, Mauget, Hannequin, Julliot

(1) Arch. mun. de Moiremont.

(2-3) Arch. dép. Série : L.

et Larocque. Pour Larocque, il demande encore quinze jours et puis qu'il rejoindra.....

Votre citoyen et compatriote,

BOUDAILLE, maire (1) ».

Le 13 février 1793, les gardes nationaux de Moiremont, « formés le 5 février 1792 en conformité de la loi du 29 septembre 1791 » nomment Ch. Tirlet, capitaine (2). Le départ d'Antoine Gillon pour Dilling, motivait cette nomination.

Qui le croirait, Moiremont avait aux armées à la date du 6 mars 1793 dix-huit citoyens. Sur dix-neuf garçons ou veufs sans enfants, restant disponibles, la commune devait en fournir quatre pour la fameuse levée des trois cent mille hommes. Ces quatre citoyens furent les suivants : Claude Tharon, garde national ; Pierre Rouvroy, né à Vienne-la-Ville ; Pierre Boudaille ; Sébastien Husson, né à Saint-Thomas (3).

Le départ des volontaires de 1792 et les levées successives de 1793, nécessitèrent bientôt une nouvelle création d'officiers et sous-officiers de la garde nationale. Le 12 mai 1793 Pierre Hérault succédait à Charles Tirlet. Ce nouveau capitaine avait sous ses ordres : François Tharon, lieutenant ; Joseph Soudant et F. Guillaumet, sous-lieutenants ; Joseph Thomas et Jean-Baptiste Guillaumet, sergents ; Jean-Louis Robert, Thomas Hucbourg, Jean Mauget, Jean Pouplier, caporaux (4). Ce dernier allait bientôt partir, comme volontaire au deuxième bataillon de la Marne.

(1) Arch. dép. Série : L. Pierre Boudaille fut élu maire le 9 décembre 1792, et fut remplacé le 30 frimaire an II par Nicolas Mauget.

(2) Arch. mun. de Moiremont.

(3) Arch. dép. Série : L.

(4) Arch. dép. Série : L.

Une liste nouvelle des citoyens ou veufs sans enfants, de dix-huit à quarante ans, fut dressée le 29 août 1793. Cette liste portait les noms suivants (1) :

Nicolas Tharon, 22 ans ;
J.-L. Hannequin, 18 ans ;
J. Pouplier, 22 ans, garde national ;
N. Herbin, 18 ans, né à Courtémont ;
J.-L. Jacquet 22 ans, né à Beaulieu ;
Jacques Lorcet, 28 ans ;
Jean Lallement, 21 ans ;
P.-J. Dorizy, 25 ans ;
N.-F. Julliot, 38 ans.

D'après les notes portées sur un autre état, les cinq premiers furent incorporés à la 1re compagnie du bataillon du district de Sainte-Ménehould (bataillon de réquisition) ; les quatre derniers devaient être renvoyés comme « infirmes ou incapables de servir » (2). Jacques Lorcet fut cependant volontaire au 2e bataillon de la Marne (3) ; il partit deux fois au service et deux fois fut renvoyé dans ses foyers. Pierre-Joseph Dorizy fut pendant plusieurs années tambour-appariteur de la commune de Moiremont.

(1-2) Arch. dép. Série : L.
(3) Arch. mun. de Moirement : 15 mai 1793.

III

Soldats de la République et de l'Empire

O soldats de l'an II ! o guerres ! épopées,
Contre les rois tirant ensemble leurs épées.
....
Ils chantaient, ils allaient l'âme sans épouvante
Et les pieds sans souliers !

(VICTOR HUGO).

Durant les guerres de la Révolution et du premier Empire, Moiremont vit partir le plus grand nombre de ses enfants. Plus tard, il est vrai, plusieurs vétérans étaient rentrés au pays natal et captivaient leurs petits-fils par des récits légendaires. Plusieurs même, devaient vivre assez longtemps pour voir se réaliser le vœu du grand empereur et recevoir la médaille de Sainte-Hélène. Ces vieux braves cachaient, sous une rude enveloppe, un cœur d'or. Jacques Potier ne pouvait redire sans pleurer, sa rencontre tragique avec Pierre son frère, sur le champ de bataille. Partis tous deux au service, ils n'avaient jamais pu se voir, lorsqu'en Allemagne, à des centaines de lieues de leur petit village, Jacques, blessé et se traînant sur le champ de bataille de Leipsick, rencontra son frère expirant.

Voici par ordre alphabétique et chronologique les enfants et habitants de Moiremont qui s'illustrèrent sur les champs de bataille pendant les guerres de la Révolution et du premier Empire.

ARNOULD (Pierre), né le 24 décembre 1781, à la Placardelle, était fils de Jean-Nicolas Arnould et de Marie-Catherine Pérot (1), qui vinrent ensuite à Moiremont.

Après la rupture du traité d'Amiens, alors que les troupes françaises occupaient le Portugal, Pierre Arnould « qui était dans les charrois militaires » (2) fut fait prisonnier par les Anglais et emmené à Plymouth sur les pontons. Revenu à Moiremont « par congé de réforme de la 12e de ligne, en date du 2 brumaire an XII » (3), Pierre Arnould prit pour épouse Marie-Barbe Burgain. Il mourut à Moiremont le 24 octobre 1847.

BATIER (François), né à Voilemont le 3 juin 1771 était fils de François Batier et de Louise Galichet qui s'établirent à Moiremont en février 1772. Ils avaient acheté pour 8000 fr. à la veuve Bourlon, de Verrières, la ferme de Charleville. François Batier, leur fils, fut du nombre des volontaires de 1792 et partit pour exempter son frère Pierre qui devait former souche à Moiremont. Porté sur les listes du Maréchal Lückner, François Batier fut nommé grenadier au 3e bataillon de la Marne, 42e demi-brigade (4). Après une carrière militaire assez longue, François Batier se retirait à Felcourt où il épousait Jeanne Flamin. Il fut enterré à Gizaucourt le 21 décembre 1846 (5).

(1) Arch. mun. de Vienne-le-Château.

(2-3) Arch. mun. de Moiremont.

(4) Arch. dép. Série : L.

(5) Arch. mun. de Voilemont, Felcourt et Gizaucourt.

BOUDAILLE (Jean-Louis), né le 8 septembre 1772 était fils de Pierre Boudaille et de Marie-Josèphe Soudant. Volontaire de 1791, il fut incorporé au 2e bataillon de la Marne.

BOUDAILLE (Pierre), le jeune, né le 1er avril 1773 était fils de Jean-Nicolas Boudaille et de Louise Moulin. En 1793 il fit partie de la première levée des trois cent mille hommes et fut incorporé à la 161e demi-brigade, 3e bataillon, 7e compagnie. Transporté à l'hôpital ambulant de la victoire, à Malines, le 19 germinal an III, il y mourut le surlendemain (1).

BOUDAILLE (Etienne-Jacques), frère du précédent, né le 10 juin 1778. Conscrit en l'an IX, Etienne-Jacques Boudaille fit les campagnes d'Espagne et de Russie. Il épousa Marie-Catherine Noailles, avant la fin de son congé. Aïeul de M. Ch. Boudaille, adjoint municipal, Etienne-Jacques Boudaille reçut en 1857 la médaille commémorative de Sainte-Hélène et mourut le 4 octobre de la même année (2).

BURGAIN (Joseph-Michel), fils de Claude Burgain, « sous-brigadier des fermes générales » et de Louise-Geneviève Lorcet, de Moiremont, naquit à Verrières en 1778. Conscrit en l'an IX, Joseph Burgain fit la campagne de Russie et reçut la médaille de Sainte-Hélène. Epoux de Marie-Louise Priant (1815), puis de Marie Chef (1841) fut garde-champêtre à Moiremont où il mourut le 23 juin 1863.

CHAUFFERT (Jean-Louis), né le 7 avril 1789, fils de Chauffert Louis et de Claudette Gouret, s'engagea en 1807

(1) Arch. dép Série : L.

(2) Des bourgeois du nom de Boudaille et de Thomas figurent avec plusieurs autres, de Moiremont, sur une charte de 1347 (Arch. dép. Cart. de l'abbaye de Moiremont. Cott. I.V. f° 55 et seq.).

au 58e de ligne et mourut en Russie pendant la campagne de 1812.

CHAUFFERT (Jean-François), né le 11 vendémiaire an VI (2 octobre 1797) frère du précédent ; partit au service à l'âge de seize ans pour exempter Pierre, son frère puîné. Médaillé de Sainte-Hélène, admirateur passionné des gloires du premier Empire, Jean-François Chauffert abhorrait Napoléon III et fut le seul à Moiremont qui ait voté pour Cavaignac. Aïeul de MM. Edouard et Victor Chauffert, de Mme Ve Gérardin et de M. Emile Simon, sous-ingénieur des ponts et chaussées à Sainte-Menehould, Jean-François Chauffert mourut le 6 juin 1859.

COLLARDELLE (Louis-François-Auguste), né le 8 février 1782, était fils de Claude Collardelle et de Jeanne Gérardin. Caporal au 94e de ligne, il fut tué à la bataille d'Iéna (1806), coupé en deux par un boulet de canon.

DAQUIN (Marc), né le 10 mars 1782, était fils de Claude Daquin et de Françoise Ponsardin. Il reçut le baptême des mains de Dom Wuillaume prieur de Moiremont et eut pour parrain Marc Scherrer le dernier organiste de l'abbaye. Ses arrière-neveux aiment à redire qu'il suivit dans toutes ses campagnes, le général Tirlet dont il était « brosseur ». Epoux de Marie-Jeanne-Charlotte Desjeans, il fut garde-champêtre à Moiremont et mourut le 9 septembre 1851.

DESJEANS (Pierre), né le 6 avril 1785, était fils de Nicolas Desjeans et de Jeanne Noailles. Pierre Desjeans s'illustra pendant les guerres de l'Empire, particulièrement en Espagne et en Russie ; la Restauration le fit chevalier de la Légion d'Honneur. Il fut nommé lieutenant au 8e d'infanterie, lors de la formation de ce régiment le 23 Novembre 1812 (1). Il devint ensuite capitaine dans ce même régiment et fut en garnison à Caen, puis à Lille, où il prit sa retraite.

Le capitaine Desjeans, épousa Pauline Trinquecostes, le 27 octobre 1833 et mourut à Wazemmes-Lille, le 7 mars 1841 (2).

DORIZY (François), fils de Nicolas Dorizy et de Marie-Jeanne Priant, naquit le 10 juillet 1792. Il était carabinier de « Monsieur », 4e escadron, quand il mourut le 1er mai 1818 (3). Nicolas Dorizy, père de François, fut président de la municipalité et maire en 1793 et 1794. Elu capitaine de la garde nationale, à Moiremont, vers la même époque, il reçut de la Convention Nationale, un sabre d'honneur.

DORIZY (Jean-Pierre), frère du précédent, naquit le 23 thermidor an II (30 juillet 1794). Incorporé à un régiment de cuirassiers, Jean-Pierre Dorizy fit la campagne d'Espagne et de Russie et mourut au service, non loin de Troyes, dit un de ses neveux M. F. Dorizy.

GERFAUX (Nicolas), né le 24 mars 1771, était fils de Charles Gerfaux et de Catherine Aubert. Il fut incorporé à la huitième compagnie de chasseurs à cheval (4). Charles

(1) Cfr. Glorieux passé d'un régiment, 8e d'infanterie par le capitaine Jeannewey, p. 582.

(2) Arch. mun. de Lille.

(3) Arch. mun. de Moiremont. Nicolas Dorizy fut maire de Moiremont, an II et an III.

(4) Arch. dép. Série : L.

Gerfaux, son père, venu de Serraval (Savoie) s'établit à Moiremont le 29 avril 1769.

GERFAUX (Jean-Louis), frère de Nicolas Gerfaux dont nous venons de parler, était en 1796, sergent au régiment de Hainaut (1). Ni l'un ni l'autre ne revinrent à Moiremont et moururent vraisemblablement, sur un champ de bataille.

GERFAUX (Jean-Nicolas) frère des précédents et frère jumeau de Pierre-Nicolas Gerfaux, naquit le 17 mai 1776. Conscrit en l'an IX, il fut placé dans les charrois militaires (2).

GÉRARDIN (Jean), né le 25 avril 1785, fils de Louis Gérardin et de Jeanne Noailles, mourut en 1812 pendant la campagne de Russie. La famille Gérardin est une ancienne famille de Moiremont (3).

GILLON (Nicolas), né à Moiremont le 2 avril 1776 était fils de Nicolas Gillon, tisserand et de Marie-Jeanne Mauget. Le 12 nivôse an II, lors des dons patriotiques, il déposait 10 sols sur « l'hôtel » de la patrie ; c'était peu, mais il était garçon... D'autres citoyens, Dominique Larocque et Claude Burgain déposèrent même sur cet « hôtel » l'écusson en cuivre des « ci-devant fermes ». Nicolas Gillon après avoir été dans les charrois « militaires » de 1793 à 1796 (4), s'établit tisse-

(1) Arch. dép. Série : L.

(2) Arch. mun. de Moiremont.

(3) « Gérard Gérardin », « XVIIe siècle ». (Arch. dép. G. 122). — « Martin Gérardin, 1520 », Arch. dép. Série : C. 636. — En décembre 1315, un bourgeois de Moiremont, Gérardin dit Renart, cédait à la pitance de l'Abbaye 66 verges de pré, sis à Côte-d'Isle. (Arch. dép. Inv. des titres de l'Abbaye, tiroir B, d'un cueilleret très ancien).

(4) Arch. dép. Série : L. — Arch. mun. de Moiremont.

rand à Malmy où il épousa Catherine Jacquier le 4 germinal an IV (24 mars 1796). Il mourut à Suippes, le 19 décembre 1847, époux en secondes noces, de Catherine Muzart.

GILLON (Bernard), né le 31 août 1783, était fils de Jacques Gillon et de Marie-Catherine Hannequin, et neveu d'Antoine Gillon. Soldat au 8e cuirassiers, Bernard Gillon fut tué à la sanglante bataille de la Moskova (1812).

HANNEQUIN (Pierre-Nicolas), né le 15 octobre 1770 était fils de Bernard Hannequin et de Marie-Josèphe Dorizy. Volontaire de 1791 et bientôt après, sergent-major au 3e bataillon de la 171e demi-brigade, Pierre-Nicolas Hannequin fit les campagnes de la Révolution et mourut le 25 brumaire an IX (16 novembre 1800). Son père, Bernard Hannequin fut recteur d'école à Moiremont de 1750 à 1793. Bernard Hannequin avait succédé à son père, Jacques Hannequin, qui mourut en 1750, à l'âge de quarante-cinq ans, après vingt-huit années d'exercice.

HANNEQUIN (Jean-Louis), né le 19 septembre 1774, était fils de Nicolas Hannequin et de Catherine Mathieu. Il fit partie du deuxième appel de 1793 et fut incorporé à la 1re compagnie du bataillon du district de Sainte-Menehould (bataillon de réquisition et charrois militaires). Jean-Louis Hannequin mourut au service à une date qui nous est inconnue.

HANNEQUIN (Dominique), né le 1er avril 1788, était fils de Bernard Hannequin, le jeune, et de Catherine Larocque. Fusilier au 94e de ligne, 3e bataillon, 6e compagnie, il mourut à l'hôpital militaire de Liège, le 1er décembre 1807 (1).

(1) Arch. dép. Série : R.

HANNEQUIN (Pierre), frère du précédent, naquit le 5 mars 1793. Il faisait partie de la garde impériale (6e régiment, 2e bataillon, 4e compagnie, de tirailleurs), lorsqu'il mourut le 2 mai 1813, à la bataille de Lutzen (1) (Saxe).

HANNEQUIN (Pierre-François), né le 28 juin 1789, était fils de Charles Hannequin et de Marie-Anne Renaudin. « A fait, dit son livret militaire (2), les campagnes de 1808, 1809, 1810 et 1811 en Espagne ; de 1812 en Russie et celle de 1815 en France ; était au train d'artillerie de la garde impériale, 8e compagnie ».

Pierre-François Hannequin se trouvait au passage de la Bérézina, lorsque le pont vint à s'écrouler et que dix-mille Français demeurèrent sur la même rive que les Russes. Il fut fait prisonnier par ceux-ci ; en novembre 1812, déjouant un jour leur surveillance, il parvint à s'enfuir, mais fut repris à quelques lieues de la frontière et envoyé en Sibérie, à Tobolsk. Ses compatriotes de Moiremont, frémissaient d'horreur lorsque plus tard, il racontait ses étapes et ses souffrances. « Quand nous parcourions les rues de Moscou en feu, disait-il, les flammes nous léchaient la figure et brûlaient le poil de nos chevaux » — « nous couchions dans le ventre des chevaux » disait-il encore. En Sibérie, où il eut les pieds gelés, Pierre-François Hannequin en était réduit à se fabriquer des souliers avec des écorces d'arbres. Placé chez un cordonnier, il allait lui chercher du bois et de l'eau, et couchait dans un four. Comme il méditait une seconde évasion, son maître ému de pitié lui fit présent de solides souliers.

Le 4 novembre 1820, Pierre-François Hannequin, épou-

(1) Arch. part. de l'auteur.

(2) Arch. part. de M. H. Jannin, à Moiremont.

sait Jeanne-Charlotte-Sophie Boudaille ; puis le 10 mai 1858 Marie-Nicole Gizart. Il vécut, malgré ses souffrances passées, jusqu'à l'âge de quatre-vingts ans et mourut le 18 février 1870. Ce modeste héros avait reçu la médaille de Sainte-Hélène en 1857.

HANNEQUIN (Pierre-Joseph), né le 2 mars 1791 était fils de Jean-Louis Hannequin et de Magdeleine Dorizy. Il faisait partie du 2e régiment de cuirassiers et mourut sur le champ de bataille de Leipsick, en 1813 (1).

HÉRAULT (Jean-François), né le 25 brumaire an III (26 novembre 1794) était fils de Nicolas Hérault et d'Anne Larocque. Enrôlé lors de la seconde levée des trois cent mille hommes, en 1812, il fut versé aux carabiniers. Lors de la bataille de Waterloo, Jean-François Hérault fut blessé à Fleurus. Il fut renvoyé à Moiremont en décembre 1815 et libéré définitivement le 1er novembre 1816 « pour un coup de feu à la partie moyenne de l'avant-bras gauche et un coup de feu à la fesse » dit son congé (2). Il mourut le 13 août 1818.

JANNIN (Joseph), né le 25 germinal an II (14 avril 1794) était fils de François Jannin et de Marie-Marguerite Noailles. Parti à dix-huit ans, lors de la grande levée de 1812, et incorporé au 2e chasseurs à cheval, Joseph Jannin mourut à l'hôpital militaire de Troyes, le 5 mars 1814. Son père, François Jannin, était de Beaulieu-en-Argonne et s'établit menuisier à Moiremont, vers la fin du XVIIIe siècle. Un oncle de Fran-

(1) Jehan Hannequin, ancêtre, semble-t-il, des Hannequin dont nous venons de parler, était maire de Moiremont en 1520. (Arch. dép., fonds de l'Abbaye de Moiremont. Inventaire des titres. 5e tiroir. Cot. E. 2e liasse).

(2) Arch. part. de l'auteur.

çois Jannin, Dom Rouin Nicolas Jannin, fut un des derniers moines de Moiremont et mourut à Florent le 17 ventôse an VIII.

JULLIOT (Pierre), né le 15 mai 1764, fils de Bertrand Julliot et de Pétronille ou Pérette Hannequin. Fusilier au régiment de Hainaut, Pierre Julliot fut un des six volontaires de Moiremont le 25 août 1791.

JULLIOT (Jean-Nicolas), le jeune, né le 11 février 1771, était frère du précédent. Volontaire de 1791, combattant de Valmy (1792), Jean-Nicolas Julliot poursuivit sa carrière militaire dans un bataillon de la Marne et mourut à une date qui nous est inconnue (1).

LAMARCHE (Etienne), né le 6 avril 1788, fils de Jean-Baptiste Lamarche et de Jeanne Brémont, fut tué au siège de Saragosse en 1808.

LAROCQUE (Guisbert), né le 23 mars 1775, était fils de Dominique Larocque sous-brigadier aux fermes générales et de Marie-Claude Chaumont. Grenadier au 2e bataillon de la Marne, il se faisait gloire d'avoir combattu à Iéna. Guisbert Larocque épousa le 13 février 1811 Marie-Marguerite Jannin et fut nommé gendarme, à Auve puis à Sainte-Menehould. Impérialiste enthousiaste il tomba en disgrâce sous Louis XVIII et mourut à Moiremont le 11 novembre 1819.

(1) On peut affirmer que la plupart des soldats dont on ignore le lieu et la date de décès de 1792 à 1812, sont morts sur le champ de bataille. Les archives départementales ne possèdent que les extraits mortuaires des soldats morts à l'ambulance ou à l'hôpital.

LORCET (Claude), né le 14 septembre 1767 était fils de Nicolas Lorcet et de Marguerite Noailles. Il partit au service à l'âge de seize ans et fut incorporé au 3e bataillon du régiment de Hainaut. Claude Lorcet fit toutes les campagnes de la Révolution et de l'Empire et fut nommé lieutenant par Napoléon lui-même, un jour de revue.

Après avoir fait les guerres d'Espagne, il partit avec la grande armée, en Russie où il fut quelque temps prisonnier. A son retour en France, Claude Lorcet fut décoré ; il devint capitaine en 1810 à Waterloo. Sous la Restauration et jusqu'en 1818, il continua son service militaire mais avec le grade de lieutenant.

Le 5 avril 1815 Claude Lorcet « lieutenant de la quarante-deuxième, ci-devant de la quarante-cinquième de ligne, chevalier de la légion d'honneur » épousait Jeanne Soudant, sœur de Nicolas Soudant dont nous parlerons un peu plus loin.

De 1821 à 1831, Claude Lorcet dirigea la commune de Moiremont et mourut le 27 octobre 1841.

LORCET (Nicolas), né le 16 juillet 1782 était fils de Claude Lorcet et d'Anne Musart. Incorporé au 8e cuirassiers, 4e compagnie, Nicolas Lorcet mourut en novembre 1812, au passage de la Bérézina (1).

MARTIN (Jean-Nicolas) ne figure pas sur les registres paroissiaux de Moiremont et cependant figure sur un ancien état des soldats de Moiremont desquels l'on n'a plus de nouvelles à partir de 1812 (2). Nous croyons d'autre part, que son aïeul était Jacques Martin, cabaretier à Moiremont

(1-2) Arch. part. de l'auteur.

en 1755 (1). Jean-Nicolas Martin était au 103e de ligne, sous le no 8802 et dut mourir en campagne.

MAUGET (Pierre), né le 14 janvier 1775, était fils de Jean Mauget, garde-champêtre et de Marguerite Larocque. Volontaire de la Marne en 1791, il faisait partie de la légion de police en 1796 (2). Le 17 nivôse an XIII (7 janvier 1805) il épousa Marie-Magdeleine Thomas. Pierre Mauget qui devait être l'aïeul de M. Chéry Thomas dont nous parlerons plus loin, mourut le 1er mars 1855.

MAUGET (Louis-Nicolas), né le 29 novembre 1779, était fils de Pierre-Louis Mauget et de Jeanne Boudaille. Il fit toutes les guerres d'Espagne et reçut une épée d'honneur en récompense de plusieurs actions d'éclat. Revenu à Moiremont, Louis-Nicolas Mauget épousa Marie-Josèphe Hérault, s'établit cabaretier et mourut le 4 juin 1853.

NOAILLES (Pierre), fils de Gabriel Noailles et de Marguerite Robert naquit le 11 août 1767. « Entré au service dans la 171e demi-brigade le 9 septembre 1791, passa au 2e bataillon du corps des Pontonniers le 1er ventôse an V, devint caporal au susdit bataillon. A fait les campagnes de la Révolution ». Tels sont les termes de son congé qui lui fut délivré le 1er pluviôse an X (22 janvier 1802) signé par Drouet, alors sous-préfet de l'arrondissement de Sainte-Ménehould (3). Deux ans plus tard, le 19 octobre 1804, Pierre Noailles mourait célibataire.

(1) Arch. dép. Séries : C 2360 et G 122.

(2) Arch. dép. Série : L.

(3) Arch. part. de l'auteur.

La famille Noailles, originaire du Limousin, s'implanta à Moiremont au commencement du XVIIIe siècle, lors de la reconstruction du monastère.

NOAILLES (Remy), né le 11 septembre 1770, était fils de Jean-Benoît Noailles « appareilleur des ouvrages du roy » et de Colette Pérot. Lors de la première levée de 1793, le 10 mars, en exécution du décret de la Convention du 24 février 1793, Remy Noailles fut accepté par le citoyen Hérisson commissaire du Directoire du district de Montagne-sur-Aisne, comme remplaçant de Pierre Batier. Nous lisons sur le signalement de Remy Noailles « taille cinq pieds, cheveux et sourcils noir, front étroit une tache de brûlure sur l'œil gauche, les yeux noir à fleur de tête, le nets pointu relevé du coté gauche, bouche moyenne, manton ron, visage blan (1). » Ce volontaire de 22 ans fut incorporé au 2e bataillon de la Marne, 161e demi-brigade et prit part aux campagnes de la République et de l'Empire. Devenu capitaine au corps des Pontonniers, Remy Noailles fut promu chevalier (4 juillet 1810), puis officier de la légion d'honneur. Retiré à Givry-en-Argonne, il y mourut le 25 février 1844.

NOAILLES (Pierre), né le 29 juillet 1776 était fils d'Etienne Noailles et de Barbe Moulin. Volontaire de 1792 et incorporé à la 66e demi-brigade d'infanterie, Pierre Noailles mourut à la Guadeloupe le 30 fructidor an IX (17 septembre 1801).

NOAILLES (Jean), né le 1er août 1792 était fils de Pierre Noailles et de Thérèse Boudaille. Etait au 103e régiment

(1) Arch. mun. de Moiremont.

d'infanterie, inscrit sous le n° 8801. « Il fut blessé et fait prisonnier de guerre à Leipsick le 16 octobre 1813 », écrivait au baron Tirlet, le ministre secrétaire d'État de la guerre, à la date du 12 mai 1817 (1).

NOAILLES (Michel), frère du précédent, était né le 15 floréal an II (4 mai 1794). Canonnier au 7e régiment d'artillerie à pied, sous le n° 5973, Michel Noailles, dut, comme son frère mourir au service.

PHILIPPE (Gabriel-Joseph), né le 22 décembre 1769 était fils de Nicolas Philippe et de Marie-Anne Tharon. Il fut incorporé en 1792 aux grenadiers nationaux.

POUPLIER (Claude), né le 20 septembre 1769 était fils de Pierre Pouplier et de Jeanne Colin. Volontaire de 1792, il fut incorporé à la 199e demi-brigade.

POUPLIER (Jean-Nicolas), frère du précédent, naquit le 20 juin 1771. Porté sur la liste de 1793 et volontaire au deuxième bataillon de la Marne, à la 171e demi-brigade, il fit les premières campagnes de la Révolution.

Le 18 mai 1794 on lui délivrait le certificat suivant que nous donnons à titre de curiosité.

« Détachement de l'Armée du Nord — 5e compagnie — 2e bataillon de la Marne.

Certificat d'Existence.

« Nous membres du Conseil Dadministration Soussignés Certifions que le Citoyen Pouplier volontaire aux susdits

(1) Arch. part. de l'auteur.

Bon et Compagnie, Natif de Moirmont, District de Montagne-Sur-Aine, Département de La Marne, est au Bataillon depuis le vingt nivose, quil si est Toujours Conduit avec honneur et probité et quil a donné dans toutes Les Circonstances des preuves de son dévouement au Service de la République en foy de quoy nous lui avons delivrés le présant Certificat pour lui servir et valloir ce que de Raison....... fait au Camp de la Boulières le 29 floréal 2e année Répubicaine ». Suivent neuf signatures : « Bochet, Thomas, Jagin, Laneuville, Priton, Royer, Rancy, Lamontagne, Spital » (1).

Le 19 floréal an IV (8 mai 1796) le caporal Jean-Nicolas Pouplier, mourait à l'hôpital militaire de Saumur (2).

POTIER (Pierre), fils de Jacques Potier (qui devait être maire de Moiremont du 30 fructidor an XII au 31 décembre 1807) et de Marie-Louise Julliot, était né le 18 mars 1791. Maréchal des logis au 24e chasseurs à cheval, Pierre Potier mourut à Leipsick dans la bataille entre Français et Alliés (1813).

POTIER (Jacques), frère de Pierre, était né le 1er août 1792. Il combattit à Waterloo et reçut en 1857 la médaille de Sainte-Hélène. Jacques Potier épousa Angélique Jacquesson de Hans, et mourut le 11 septembre 1858.

PRIANT (Louis-Nicolas), né le 11 septembre 1771, était fils de François Priant et de Claudine Philippe. Soldat du train d'artillerie, 3e bataillon, compagnie d'élite, Louis Priant revint à Moiremont muni de son congé « visé par le

(1) Arch. part. de l'auteur.

(2) Arch. dép. série : R.

sous-préfet de l'arrondissement de Sainte-Ménehould, le 14 thermidor an IX ».

ROBERT (Jacques), né le 14 septembre 1788 était fils de Jean-Louis Robert et de Jeanne Julliot. Incorporé au 116e de ligne, sous le nº 2832, Jacques Robert mourut au service.

SOUDANT (Jean-Nicolas), né à Moiremont le 10 juin 1769, était fils de Charles Soudant, maître charpentier et de Jeanne Charbonnier. Volontaire de 1792 et soldat de Valmy, Jean-Nicolas fut incorporé au 2e bataillon, puis au 3e bataillon, 171e demi-brigade (1). Il fit partie de l'armée qui, sous la première République, réprima l'insurrection vendéenne. Lieutenant au 94e de ligne et décoré de la Légion d'honneur le 1er octobre 1807, il combattit en Espagne avec le général Tirlet. C'est du reste en Espagne, sous les murs de Cadix, au mois de mars 1811 que fut tué Jean-Nicolas Soudant. La famille Soudant est originaire de La Neuville-au-Pont. Charles Soudant, père de Jean-Nicolas, vint s'établir le premier à Moiremont, chargé d'importants travaux de charpente à l'abbaye. Charles Soudant fut trésorier de la commune de Moiremont de 1792 à 1795.

THARON (Jean-Louis), né le 14 juin 1769, fils de Jean-Louis Tharon et de Marguerite Darré. Incorporé en 1791 au 6e de ligne (ci-devant régiment d'Armagnac), Jean-Louis Tharon faisait partie de la brigade d'Arménie en 1796 (2). Il mourut prisonnier de guerre à Presbourg (Hongrie).

THARON (Nicolas), né le 26 janvier 1771, était frère du précédent. Il fit partie de la levée en masse de 1793 et fut

(1) Arch. dép. série : L.

(2) Arch. dép. série : L.

incorporé au 7e bataillon du train d'artillerie. Nous lisons, à la date du 22 brumaire an XIII (13 novembre 1804) dans le journal de Claude-Marie Thomas, instituteur à Moiremont pendant la Révolution : « Est décédé a Utrecht ville d'hollande, le Nommé Nicolas Tharon fils de Jean Louïs Tharon et de Marguerite Darré ses Pères et Mères de cette Commune, son extrait Mortuaire est arrivé en cette Commune Le 12 frimaire, 3 Xbre présente année vers Les 2 heures de relevée et L'on a sonné pour lui aussitôt, il étoit dans les Charrois Militaires et il est mort à L'hopital ». (1)

THARON (Claude), né le 17 juin 1772 était fils de Gabriel-Joseph Tharon et de Marie-Marguerite Meurier. « Soldat républiquain du 10 mars 1793 » (2) et incorporé au 6e bataillon, 71e demi-brigade, Claude Tharon partit pour l'armée des Ardennes. Il prit part aux campagnes de la Révolution et de l'Empire et le 21 mars 1838, mourut à Blâmont (Meurthe-et-Moselle) où il avait exercé les fonctions de douanier.

THARON (Nicolas), né le 7 octobre 1793 était fils de Jean-François Tharon (dit : le dragon) et de Marie-Louise Artoise, et neveu de Gabriel-Joseph Tharon. Incorporé au 2e Cuirassiers, Nicolas Tharon fit la campagne de Russie (1812) et la campagne de France (1813). A Leipsick, il vit tomber à ses côtés, décapité par un boulet, Hannequin Pierre-Joseph. Revenu à Moiremont, Nicolas Tharon épousa Marie-Antoinette Lorcet, le 19 mars 1817. Il reçut la médaille commémorative de Sainte-Hélène en 1857 et mourut à Sainte-Ménehould le 8 octobre 1867.

(1) Arch. part. de l'auteur.

(2) Arch. mun de Moiremont.

THARON (Jean-Baptiste-Brutus), né le 22 nivôse an II (11 janvier 1794), était fils de Tharon François, dit Moirmont et d'Anne Lorcet. Incorporé au 103e de ligne, vers 1811 on demeura sans nouvelle, à partir de la campagne de Russie (1).

THOMAS (Jean-Nicolas), né le 28 juin 1790 était fils de Joseph Thomas et de Marguerite Robert. Incorporé dans la jeune garde lors de la deuxième levée des trois cent mille hommes, il prit part à la campagne de Russie et aux campagnes suivantes. Jean-Nicolas Thomas épousa en 1816 la fille d'Antoine Gillon, Julie Gillon qu'il perdit quatre ans plus tard. Il épousa ensuite Julie Fanny Daunois, de Reims, dont il eut plusieurs enfants, entre autres Alexis-Victor qui devait s'illustrer dans les campagnes du second Empire. Jean-Nicolas Thomas, fut en même temps que garde-champêtre, officier de la garde nationale et de la compagnie des sapeurs-pompiers de Moiremont ; il mourut le 18 août 1854.

TIRLET (Louis), né à Moiremont le 14 mars 1771 était fils de Charles Tirlet, admodiateur de l'abbaye, originaire de Nerey (Seine-et-Oise) et de Jeanne Jourdain, de Briquenay (Ardennes).

Après de solides études faites à l'abbaye de Moiremont, Louis est envoyé au séminaire de Reims. Mais la Révolution éclate et ferme les maisons religieuses. Le jeune Tirlet devance alors l'appel et le 1er septembre 1792, entre comme volontaire, au régiment de Bouillon. Il se distingue à la bataille de Valmy et reçoit en avril 1793 un brevet d'aspirant d'artillerie à Châlons-sur-Marne. En 1796 Louis Tirlet était officier dans l'armée de Sambre-et-Meuse. Voici du

(1) Arch. part. de l'auteur.

reste, ses états de service communiqués par le Panthéon de la Légion d'honneur, à M. Gardien alors maire de Moiremont.

Elève sous-lieutenant d'artillerie le 1er pluviôse an II et lieutenant au 1er régiment d'artillerie à pied, le premier germinal suivant ; il devint capitaine commandant les deux

Cliché L. Lallement.

GÉNÉRAL TIRLET

compagnies de Pontonniers formées à l'armée de Sambre-et-Meuse, le 1er prairial an IV et chef de bataillon commandant le 2e bataillon de Pontonniers le 11 nivôse an V. Depuis 1792 jusqu'à cette époque, il fut aux armées du Nord, des Ardennes, de Sambre-et-Meuse et Rhin. Il reçut sa première blessure à Fleurus. Au passage du Rhin par l'armée de Sambre-et-Meuse, Jourdan l'avait chargé d'une fausse attaque fort importante dans laquelle il réussit et, dans son rapport au comité de Salut public, Jourdan rendit ainsi justice à son courage : « Tirlet, officier d'un grand mérite, qui porte dans le service, un zèle et une activité au-dessus de tout éloge et qui n'a jamais rien trouvé d'impossible, était certainement l'homme le plus propre à remplir cette mission. »

A la première retraite de cette armée, une fausse mesure de Marceau amena l'incendie et la destruction du pont de Neuwied. Kléber fait appeler le chef des pontonniers et lui demande quel temps lui sera nécessaire pour jeter un pont : « vingt-quatre heures me suffiront, général » — « je vous en donne trente et vous m'en répondez sur votre tête ». L'armée passa dans le temps prescrit.

Tirlet fut successivement aux armées du Rhin, de Mayence et d'Angleterre et s'embarqua en l'an VI avec l'armée expéditionnaire d'Orient. Fait colonel au 5e régiment d'artillerie à cheval, le 24 fructidor an VII, il eut, quelques mois après, le commandement du 8e régiment d'artillerie à pied ; remplit les fonctions de chef d'état-major de l'artillerie ; s'acquitta avec succès de plusieurs missions sur la côte pour l'armement et le levé de la carte, et rentra en France au mois de brumaire an X.

Sa conduite distinguée en Egypte lui valut les éloges du général en chef Menou et ceux du premier Consul. Nommé général de brigade le 11 fructidor an XI et chef d'état-major de l'artillerie du camp des côtes de l'Océan, il reçut la croix de membre de la Légion d'honneur le 19 frimaire an XII, puis celle de commandeur de l'ordre le 25 prairial suivant ; se rendit, commandant en chef l'artillerie, à l'armée de Hollande et fut attaché plus tard au 2e corps de la Grande Armée. Il eut ensuite le commandement de l'artillerie de l'armée de Dalmatie. Chargé alors, d'organiser les deux directions de Zara et de Raguse, il le fut encore, mais sur ses propres plans, d'amener et de mettre en état de défense les différentes places des côtes. Lorsque les Russes soutenus par les populations qu'ils avaient insurgées, débarquèrent dans le comté de Poglizze, il défit les rebelles et força l'ennemi à rejoindre ses vaisseaux.

Napoléon lui décerna le titre de baron de l'Empire, l'appela au commandement de l'artillerie du 11e corps de la Grande Armée et lui confia le 9 août 1809 la direction générale des ponts de cette armée. Il passa ensuite au commandement de l'artillerie du 2e corps de l'armée d'Espagne, puis à celui de la même arme de l'armée de Portugal. Sa conduite en 1812, pendant la retraite de Portugal, et, au mois d'octobre, quand les Anglais furent forcés de lever le siège de Burgos, lui mérita d'être cité avec distinction dans les rapports officiels et d'être élevé au grade de général de division, le 10 janvier 1813.

Cet officier général s'empressa d'envoyer sa soumission aux actes du Sénat. Louis XVIII le nomma, le 1er juillet 1814, inspecteur-général d'artillerie pour la direction de Toulouse, Montpellier, Perpignan et Bayonne, chevalier de Saint-Louis, le 19 du même mois, et grand-officier de la légion d'honneur le 14 février suivant.

Au retour de l'île d'Elbe, il se rattacha à Napoléon et reçut le commandement de l'artillerie du 2e corps, placé sous Brune, dans les départements méridionaux.

Il resta en activité à la seconde Restauration, fut attaché en 1818 et jusqu'en 1822, au comité spécial et consécutif de l'artillerie, obtint le titre de vicomte le 17 août de cette dernière année et à la demande du duc d'Angoulême, dont il avait su gagner la bienveillance, Louis XVIII lui confia le commandement en chef de l'artillerie de l'armée qui entra en Espagne en 1823. Cette compagne lui valut les décorations de San-Fernando et de Charles III, celle de Saint-Alexander Newski, et le cordon de commandeur de Saint-Louis, le 7 septembre 1823.

Charles X le désigna pour assister à son sacre, qui eut lieu le 29 mai 1825 à Reims. Vers la même époque, il devint membre du conseil général de son département. En 1827, nommé député par le grand collège de la Marne, il vint siéger au centre droit de la Chambre. Il vota cependant l'adresse des 221.

Tous ceux qui avaient eu un commandement supérieur pendant la campagne de 1823, ayant reçu pairie et dotation, Tirlet trouva insuffisant un avancement dans l'ordre de Saint-Louis. Réélu au mois de juin 1830, il accueillit avec joie la révolution des Trois-Jours. Il a écrit à ce sujet : « Je n'hésitai pas en 1830, à voter avec les 221, qui protestaient contre le ministère Polignac. Après les événements de juillet je signai des premiers parmi les députés, l'appel de monseigneur le duc d'Orléans à la lieutenance générale du royaume et votai ensuite pour son élévation au trône. J'avais été des premiers à lui offrir mon dévouement lors de son arrivée au Palais-Royal. »

Placé, le 14 février 1836, dans la seconde section (réserve) du cadre de l'état-major général de l'armée, il demanda la grand'croix de la Légion d'honneur en compensation du cordon de Saint-Louis, que la révolution de 1830 lui avait fait perdre ; elle lui fut accordée le 30 avril de la même année. L'année suivante, le 3 octobre, le roi l'éleva à la dignité de pair de France. Classé dans la première section du cadre de l'état-major général le 13 avril 1814, il mourut le 30 novembre suivant. Son nom est inscrit sur l'arc-de-triomphe de l'Etoile, côté sud.

Nous ajouterons à l'intéressante notice biographique du Panthéon de la Légion d'honneur que Tirlet épousa Louise-Catherine-Apolline Pérignon, fille du baron Pérignon, qui fut député de l'arrondissement de Sainte-Ménehould. De ce mariage, il eut deux enfants : Louise-Laure et Louis-Eugène. Louise-Laure épousa le baron Joseph-Edouard Couïn de Grandchamp. Louis-Eugène, né à Paris le 23 octobre 1817, devint auditeur du Conseil d'Etat, sous-préfet, membre du Conseil général et député de la Marne ; enfin chevalier de la Légion d'honneur en 1846, et mourut, célibataire, à Paris, le 11 janvier 1874. Louise et Sophie Couïn de Grandchamp, petites-filles de Louis Tirlet, s'unirent la première à Alfred Firmin-Didot, la seconde à Emile Chauchat.

Le vicomte Louis Tirlet demeura toujours attaché à son pays d'origine et à ses compatriotes qu'il aimait à revoir et qu'il visita souvent. En 1818, il fit don d'une cloche à l'église où il avait reçu le baptême. Il fut inhumé à Fontaine-en-Dormois, mais, par testament du 12 juillet 1840, il avait légué aux pauvres de Moiremont, une rente annuelle et perpétuelle de cent francs.

IV

Restauration et Monarchie de Juillet

Tandis que le général Tirlet continuait ses brillants états de service sous les règnes de Louis XVIII et de Charles X, un autre enfant de Moiremont, Tharon Jean-François, le suivait dans la carrière des armes.

THARON (Jean-François), né à Moiremont le 23 nivôse an VI (12 janvier 1798), devint par son travail et son mérite personnel, lieutenant-colonel d'infanterie de marine et officier de la Légion d'honneur. Il mourut à Châlons-sur-Marne le 3 mars 1881, et sur sa tombe, le colonel Virlet, retraça en peu de mots, une vie militaire aussi bien remplie. Nous emprunterons à cet intéressant discours quelques détails biographiques (1).

Jean-François Tharon, dit M. Virlet, entra au service en 1819 ; fils de cultivateur, il accepta résolument la destinée qui l'éloignait de son village. Dans son enfance et sa jeunesse, les récits de vieux soldats avaient allumé en lui le feu du patriotisme. Tharon fut incorporé à la légion de la Marne, et, dans ses rangs, prit part à la guerre d'Espagne en 1823. La légion de la Marne appartenait au corps d'armée de Catalogne, commandé par le maréchal Moncey. Les troupes eurent à soutenir des luttes sanglantes dans lesquelles Tharon paya vaillamment sa dette au pays.

Aussi à une époque où les occasions de se distinguer étaient

(1) Cfr. *Journal de la Marne*, du 10 mars 1881.

peu nombreuses, où le militaire sorti des rangs, atteignait assez rarement le grade d'officier, Tharon fut-il nommé lieutenant en 1829. La légion de la Marne, devenue le 51e de ligne, fut alors envoyée aux Antilles. Ce régiment s'y trouva décimé par la fièvre jaune et le lieutenant Tharon, fut un de ceux qui échappèrent au fléau. Il vit se renouveler autour de lui, le personnel presque entier du 51e de ligne.

Maintenu aux colonies pendant vingt-cinq ans, il épousa en 1834, à la Basse-Terre, la nièce du général baron Wattable, ancien gouverneur de la Guadeloupe. Il devint capitaine en 1838, chef de bataillon en 1845, lieutenant-colonel en 1854, au 2e régiment d'infanterie de marine. On lui confia le commandement supérieur des troupes à la Martinique. En 1849, une insurrection ayant éclaté parmi les noirs de Marie-Galante, le commandant Tharon fut chargé de la réprimer. La limite d'âge atteignit le lieutenant-colonel Tharon en 1856.

Honoré de la croix d'officier de la Légion d'honneur, il se retira en 1857, à Châlons, où il vécut d'une vie simple et modeste. Ses obsèques eurent lieu le dimanche 6 mars 1881, en la cathédrale de Châlons. Son épouse l'avait précédé dans la tombe. Des deux fils que laissa le lieutenant-colonel Tharon, l'un deux devint capitaine au 66e d'infanterie, servit à Rome et prit part à la guerre de 1870. Il mourut en 1883, chevalier de la Légion d'honneur. Sa fille épousa M. Eugène Martin, rédacteur en chef du *Journal de la Marne*.

.·.

La garde nationale ayant été reconstituée en 1830, M. Hubert Drouet-Fleurizelle, originaire de Neuvilly, fut nommé capitaine de celle de Moiremont. Il eut pour successeur, un vétéran, Jean-Nicolas Thomas. Le village comptait alors 450 habitants. Moiremont, en 1815, possédait

Cliché L. Lallement. — (Reproduction).

LIEUTENANT-COLONEL THARON

environ 420 habitants et la population qui s'éleva, en 1850, au chiffre de 580, est descendue aujourd'hui à moins de 400 habitants.

Lors de la première campagne d'Algérie, Hannequin Jean-Louis (né le 29 septembre 1811, fils de Nicolas Hannequin et de Marie-Josèphe Hannequin), faisait partie de la 7e compagnie du train des équipages. Entré au service le 14 décembre 1832, Jean-Louis obtint un congé de 1834 à 1837 et fut ensuite rappelé, le 27 janvier 1837 pour l'expédition d'Algérie. Sous les ordres du duc d'Aumale, il prit part au siège de Constantine ainsi qu'à la prise de la Smala d'Abd-el-Kader en 1842. De son union avec Célestine Boudaille, le 22 juillet 1835, il eut quatre enfants : Julien, aujourd'hui maire de Moiremont ; Auguste, Désirée et Séverien, combattant de 1870.

*
* *

En juin 1848, un corps d'armée sous le commandement du général Oudinot marcha sur Rome. Après un assaut donné dans la nuit du 30 juin, la ville fut prise le 3 juillet et Pie IX rentra dans Rome, sous la protection de nos troupes qui y demeurèrent jusqu'en 1870.

Hannequin Remi, sergent au 13e de ligne, prit part à cette campagne. Fils de Nicolas Hannequin et de Victoire Jannin, il épousa le 9 mai 1873 Esther Félix, d'Auve. Remi Hannequin remplit les fonctions de facteur-rural dans cette commune et y mourut le 21 février 1877, âgé de cinquante-quatre ans.

V

Second Empire, de 1852 à 1870

Guerre de Crimée

La guerre de Crimée amenée par la question d'Orient, dura de 1854 à 1855. Moiremont vit partir pour cette expédition : Chauffert Emile, Lajonias Firmin, Soudant Remi, Soudant Eloi, Thomas Chéry, Thomas Victor, Thomas Maximin.

CHAUFFERT (Emile), né le 11 octobre 1826, était fils de Pierre Chauffert et de Pélagie Brulon. Sergent-major au 35e de ligne, il reçut la médaille de Crimée et la croix de Turquie et mourut le 29 novembre 1871 à l'hôpital militaire d'Alençon.

LAJONIAS (François-Firmin), fils de Jean Lajonias et de Catherine Gérardin, était né le 13 décembre 1831. Entré au service le 21 octobre 1852, il fut incorporé au 7e de ligne où il devint tambour de grenadier. Embarqué pour l'armée d'Orient le 6 mai 1854, il rentra en France avec la médaille de Crimée, le 13 novembre 1855 et reçut son congé définitif le 31 décembre 1858. Il épousa Constance-Eugénie Thomas le 29 mai 1860 et mourut le 26 août 1904.

SOUDANT (Remi) et **SOUDANT** (Eloi), tous deux fils de Charles Soudant et de Marie-Catherine Gillon, arrivèrent en Crimée après la prise de Sébastopol et firent partie du corps d'occupation de 1855 à 1856. Soudant Remi, incorporé au 63e de ligne, devint ensuite grenadier au 11e de ligne et fit aussi la campagne d'Italie. Soudant Eloi, son frère, servait dans les voltigeurs de la garde.

THOMAS (Auguste-Achille-Chéri), né le 27 juillet 1827 eut pour auteurs Jean-Baptiste Thomas et Henriette Mauget. N'ayant d'autre instruction que celle que lui avait donné son digne maître d'école, Nicolas Simon, M. Chéri Thomas devint, par son mérite personnel, capitaine au 21e de ligne. Il prit part à la campagne d'Orient du 16 juin 1854 au 17 juin 1856, à celle d'Italie du 28 avril 1859 au 10 août 1859 et à celle de 1870. Il reçut les médailles commémoratives de Crimée, d'Italie, de Sardaigne et fut nommé Chevalier de la Légion d'honneur le 10 septembre 1868. Admis à la retraite le 7 janvier 1879, M. Thomas demeurait à Chaumont (Haute-Marne), où il mourut le 3 janvier 1909.

THOMAS (Maximin-Augustin), né le 6 juillet 1829, était fils de François-Victor Thomas et de Françoise Daquin. Incorporé au 81e de ligne le 20 mai 1851, en garnison à Paris, Maximin Thomas vint en Crimée après le siège de Sébastopol. Embarqué à Toulon le 28 octobre 1855, sur l'Uranie, il débarqua à Kamiesch le 6 décembre de la même année et rentra en France en 1856. Il fut un excellent musicien militaire. Le 24 novembre 1858 Maximin Thomas épousa Constance Jannin et mourut le 1er février 1906.

THOMAS (Alexis-Victor), fils de Jean-Nicolas Thomas et de Julie-Fanny Daunois, était né le 18 novembre 1821.

Cliché L. Lallement.

AUGUSTE-ACHILLE-CHÉRI THOMAS

Puisant au foyer paternel des habitudes de travail, d'ordre et d'économie, Victor Thomas sut, par son intelligence et sa bravoure audacieuse, parcourir une très belle carrière. Il entra au 13e de ligne le 13 juillet 1842, au 39e de même arme le 16 juillet 1850 et au 1er régiment de la 1re légion étrangère le 7 décembre 1855. Voici d'après son livret militaire, la liste de ses campagnes :

Armée d'Orient, du 13 mai 1854, 1855, au 16 juin 1856, a reçu la médaille de Crimée ;

En Afrique, du 17 juin 1856, 1857, 1858, au 22 avril 1859 ;

En Italie, du 19 août 1859, 1860, 1861, 1862, au 8 février 1863, a reçu la médaille d'Italie ;

Au Mexique, du 8 février 1863, 1864, 1865, 1866, au 16 avril 1867, a reçu la médaille du Mexique ;

En Afrique, du 17 avril 1867 au 14 avril 1869, a reçu la médaille coloniale.

Pendant la campagne du Mexique, Victor Thomas fut cité à l'ordre général nº 15 du corps expéditionnaire « pour s'être particulièrement distingué et s'être tenu en tête de la colonne, à l'affaire de Rio-Blanc, le 8 décembre 1865 ». L'empereur Maximilien lui donna des marques d'amitié et lui décerna le 22 février 1865, la médaille du mérite militaire, créée par lui.

Victor Thomas reçut la médaille militaire le 13 août 1859, la croix de la Légion d'honneur le 1er février 1867 et refusa le grade de capitaine.

Il revint au pays natal en 1869 et sut, en 1870, rendre plusieurs services à la commune de Moiremont.

Victor Thomas mourut à Moiremont le 13 juillet 1904 et la population toute entière se fit un devoir d'assister à ses obsèques.

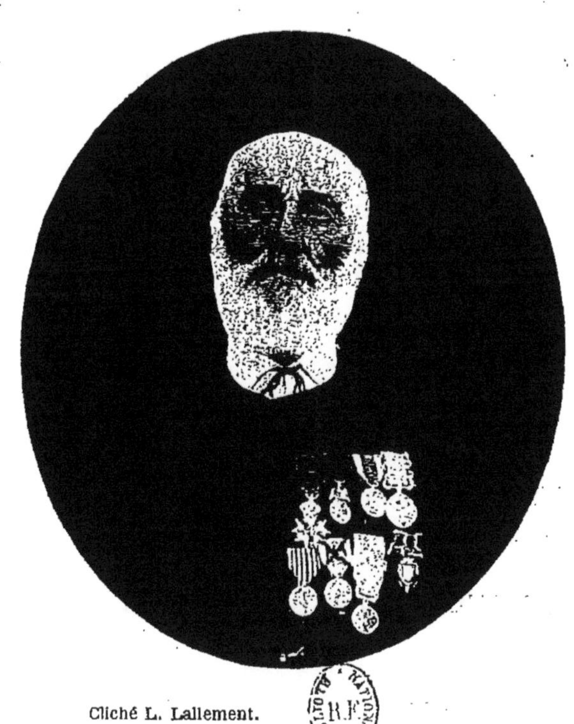

Cliché L. Lallement.

ALEXIS-VICTOR THOMAS

.˙.

Guerre d'Italie

Six habitants de Moiremont prirent part en 1859-1860 à la glorieuse campagne d'Italie dont ils reçurent la médaille commémorative.

POTIER (Jean-Adrien), fils de Jacques Potier et d'Angélique Jacquesson, naquit le 26 février 1829. Etait trompette au train des équipages. Au cours de son deuxième congé, Adrien Potier tomba malade à Lyon et y mourut en mars 1861.

SOUDANT (Remi) (22 janvier 1833-26 juin 1880).

THOMAS (Auguste-Achille-Chéri), qui reçut aussi de Victor Emmanuel la médaille de Sardaigne.

THOMAS (Alexis-Victor), (18 novembre 1821-13 juillet 1904).

THOMAS (Jean-Marie-Jules), né le 10 juin 1838 était frère de Thomas Maximin. Engagé volontaire le 15 mars 1859 et incorporé au 11e de ligne, M. Jules Thomas fit partie de la musique militaire. En congé définitif le 15 mars 1866, il épousait Apolline Daquin, le 28 novembre de la même année.

VI

Guerre avec l'Allemagne et guerre du Tonkin

En 1870 et 1871, la commune de Moiremont fournit sept combattants, aux armées qui prirent part à la défense du territoire.

THOMAS (Auguste-Achille-Chéri), capitaine au 21e de ligne.

HÉRAULT (Jean-Adolphe), né le 24 septembre 1845, fils d'Auguste-Nicolas Hérault et de Marie-Louise-Elisa Potier. Incorporé, comme volontaire, au 11e d'artillerie le 12 mars 1866, il fit ensuite partie du 5e régiment de la même arme, en qualité de maréchal-ferrant.

Adolphe Hérault prit part aux combats de Wissembourg et de Frœschwiller. Fait prisonnier au siège de Strasbourg, il fut emmené à Coblentz, à Schweidnitz et à Glogau. Sa captivité dura du 28 septembre 1870 au 22 juin 1871.

HÉRAULT (François-Ernest), né le 2 décembre 1843, fils de Jean-François Hérault et de Marie-Louise-Adelaïde Mauget. Caporal au 14e bataillon de chasseurs à pied, il prit part aux actions de Frœschwiller et de Sedan.

HÉRAULT (Jean-Louis-Anatole), né le 3 juin 1849 et frère du précédent. Il fut incorporé au 4e de ligne qui devint un peu après le 8e régiment d'infanterie provisoire, et mourut à l'hôpital militaire de Cambrai le 9 juin 1871.

NOAILLES (Paul-Nicolas), né le 6 février 1847, fils de Remy Noailles et de Jeanne-Catherine-Apolline Janson. Il fut incorporé, comme engagé volontaire, au 72e régiment d'infanterie le 10 mars 1864 et devint sergent-major le 15 février 1868. Classé dans la réserve le 23 février 1870 et rappelé à l'activité le 23 juillet de la même année, M. Noailles fut nommé sergent-fourrier le 17 août 1870. Passé au 33e régiment d'infanterie le 17 septembre 1870, il devint sergent major le 11 novembre de la même année et fut libéré définitivement le 1er juillet 1871. M. Noailles fut captif en Suisse, du 24 janvier 1871 au 25 mars 1871 et fit partie de l'armée de Versailles du 26 mars au 27 juin 1871. Il fut blessé à la cuisse droite et à la main gauche le 4 décembre 1870 devant Orléans, et le surlendemain fut cité à l'ordre du jour de la 3e division du 15e corps d'armée.

Le 17 septembre 1877, M. Noailles entra comme auxiliaire à la poudrerie nationale de Toulouse où il exerça les fonctions de chef poudrier, puis à la fabrique de coton-poudre du Moulin-Blanc (Finistère), à la poudrerie nationale d'Angoulême, et le 1er avril 1894 à celle de Saint-Médard-en-Jailles. M. Noailles fut nommé, le 1er juillet 1908, agent technique à cette dernière poudrerie et reçut une médaille d'or de première classe, par décret du 26 juillet de cette même année.

POLISSE (Charles-Augustin), né le 23 octobre 1846, était fils de Jean-François Polisse et de Marie-Marguerite Desjeans. Jeune soldat du 2 novembre 1867 au 25 mars 1868, il fut incorporé au 74e de ligne, du 20 juillet au 19 novembre 1870, — au 100e de ligne, du 19 novembre au 6 décembre 1870, — au 61e de marche, du 6 décembre 1878 au 23 mars 1871, — enfin au 61e de ligne du 23 mars 1871 au 31 décembre 1873.

Charles Polisse était à Frœschwiller et à Sedan. Emmené prisonnier en Allemagne, il put s'échapper à Jametz (Meuse) et reprendre du service dans l'armée de l'Est sous les ordres du général Bourbaki. Il mourut à Moiremont le 9 octobre 1905.

SOUDANT (Hippolyte-Jules), né à Dontrien (Ardennes) le 1er novembre 1847, fils de Jean-François Soudant et de Scholastique Rouy. Incorporé au 21e de ligne en 1868, le sous-lieutenant Soudant fut fait prisonnier à Strasbourg, le 28 septembre 1870 et conduit en captivité à Torgau où il resta jusqu'en juin 1871. A sa rentrée en France, il fut admis à l'école de Saint-Maixent d'où il sortit avec le grade de lieutenant au 13e de ligne. Sur sa demande il fut envoyé le 11 août 1884, en Tunisie où il mourut à l'hôpital de Gafsa, le 11 janvier suivant, à l'âge de trente-sept ans.

Qu'on nous permette d'extraire du journal inédit de Jules Soudant, ces curieuses pages sur le siège de Strasbourg (1) :

« En arrivant à Strasbourg, notre état inspirait la pitié de l'habitant que nous essayâmes de rassurer sur le sort de l'armée. On nous installa dans des casemates ; le lendemain en casernes ; deux jours après, on nous fit camper sur les remparts. Pendant plusieurs jours des soldats isolés nous rejoignaient ; beaucoup d'entre eux avaient été obligés de prendre des effets civils pour éviter de tomber entre les mains de l'ennemi. Le 14 août, commença le bombardement, l'ennemi avait eu l'adresse d'établir des batteries, à l'angle d'un bâtiment au sommet duquel le drapeau de l'ambulance était planté. Cette ruse fut découverte par nos artil-

(1) Journal inédit de J. Soudant. (Archiv. part. de l'auteur).

leurs, qui dirigèrent le feu sur ces batteries et les réduisirent au silence. Avec les débris valides des divers régiments qui avaient pris part à la bataille de Frœschwiller, on organisa un régiment de marche à quatre bataillons.

« Les habitants de Strasbourg se sont montrés courageux, résignés et dévoués jusqu'au sublime. L'ennemi avait réussi à circonscrire la ville dans un cercle de feu, Schilikq, La Robertsau, Kehl, le jardin d'Angleterre, le chemin de fer... sur tous ces différents points, l'ennemi avait établi des batteries couvertes. Aussi, nuit et jour, obus et bombes tombaient-ils comme la grêle. Les faubourgs de Pierre et et National furent complètement brûlés, les casernes, la manutention, les arsenaux, la mairie, l'hôtel de ville, la préfecture, furent la proie des flammes. La citadelle, bombardée pendant quarante-cinq jours fut pulvérisée ! Les efforts pour faire sauter les poudrières demeurèrent sans résultat. La nuit, c'était un qui vive de chaque instant ; « gare la bombe » retentissait de tous côtés. On ne pouvait plus faire un pas dans les casernes qui étaient inhabitables, sans heurter des éclats de bombes et d'obus, principalement à la citadelle. On a ramassé des projectiles qui n'avaient pas éclaté, renfermant 485 balles et dépassant 53 centimètres de hauteur : on eut dit des pains de sucre.

« Deux assauts furent tentés pendant la nuit par les troupes allemandes, du côté de la porte de Pierre et de la porte des pêcheurs. Le premier assaut ne fut que simulé, car peu d'hommes tentèrent d'escalader les portes et les remparts. Le deuxième assaut fut plus sérieux ; vers minuit les colonnes se dirigèrent vers la place, munies de tous les objets nécessaires à cet effet. Le vice-amiral Excelmans qui commandait cet arrondissement de défense les laissa approcher, fit charger les pièces à mitraille et attendit qu'ils fussent à bonne portée. Jugeant l'ennemi assez avancé, des décharges de mitrailles, de boîtes à balles, de bombes, sillonnèrent leurs rangs et pendant deux heures, une fusillade nourrie retentit sur ce point. L'assaut échoua et les blessés qui tentaient d'escalader, se noyèrent en tombant des remparts. Excelmans et ses marins se trouvaient dans la ville. Cet officier général avait reçu l'ordre d'établir sur le Rhin plusieurs canonnières cuirassées ; la ville venant à être investie, il dut y rester. On avait chargé ces marins de faire cracher seize mortiers ; ils s'acquittèrent de leur devoir avec une telle bravoure, qu'ils firent l'admiration des artilleurs ennemis. C'était un coup d'œil féérique, de voir, dans la nuit, les bombes prussiennes et françaises s'entre-croisant ! Le 27 au soir, on arbora le drapeau blanc au sommet de la cathédrale et l'ordre fut donné de cesser le feu sur toute la ligne. Etait-ce un armistice ou la paix ? Non, la ville était rendue ou plutôt vendue. Le soir un tumulte effroyable régnait dans la ville ; les francs-tireurs étaient exaspérés.

. . . .

. . . .

« Quelle a été l'attitude du général Ulrich pour la défense de la place ? Il a laissé l'ennemi établir des batteries couvertes, alors qu'il pouvait parfaitement l'empêcher ou tout au moins l'inquiéter. Le fantassin qui tirait sur l'ennemi, sans ordre, était puni de prison et envoyé sans armes aux postes avancés les plus dangereux. Voilà le brave général donnant des ordres du fond d'une casemate construite à six pieds sous terre. Sa femme qui était prussienne, s'était enfuie dans son pays ; elle avait son fils (1) qui était commandant dans l'armée prussienne. Et le général commandant en

(1) Jules Soudant semble avoir confondu : c'est le beau-frère d'Ulrich, Verder qui commandait l'armée prussienne au siège de Strasbourg.

chef a trahi son pays en rendant la ville, alors que tous les sacrifices étaient consommés et que la ville était en ruines. Il fallait au moins continuer la défense jusqu'à la dernière extrémité et comme il l'avait promis par ces paroles : « tant qu'il y aura un soldat valide, un biscuit dans les magasins, une cartouche dans les poudrières, la ville ne se rendra. »

« Le 28 au matin, il régnait une agitation et une cohue indescriptibles : tous les établissements militaires étaient livrés au pillage. On encloua les canons, on jeta les tonneaux de cartouches dans les fossés. Dès huit heures du matin, l'armée allemande prit possession des postes de la place. La troupe s'engagea dans les rues dans le plus grand tumulte. Les fantassins cassaient leurs chassepots, brisaient leurs sabres-baïonnettes et les cavaliers leurs sabres, leurs mousquetons, leurs pistolets !

« Les rues étaient jonchées d'armes brisées et de munitions... Après ce triste défilé qui dura environ deux heures, nous passâmes la porte nationale et là, nous fûmes entre les mains de nos ennemis.

« Après deux jours de marche sans boire ni manger et couchant dans la boue, nous arrivâmes à Rastadt, ayant traversé le Rhin sur un pont de bateaux. Là, en mettant le pied sur le territoire prussien, chacun de nous tourna la tête pour jeter un regard au sol de la patrie que l'on quittait avec tristesse. On entendit ces mots sortir de plusieurs bouches : « Pauvre France qu'es-tu devenue ? » Après quarante huit heures de jeûne et une marche de soixante-douze kilomètres la colonne était diminuée ; des hommes avaient été tués ; d'autres, malheureux, avaient succombé de misère. Les malades et les blessés avaient sillonné la route de leurs cadavres. Un sergent-major eut la tête fendue et mourut sur le champ ; un chasseur à pied fut tué d'un coup de baïonnette. Je clos ces détails qui surexcitent ma colère ; tant que je vivrai, les Prussiens seront mes ennemis... »

.˙.

Un bataillon de Garde mobile, le quatrième bataillon de la Marne, avait été constitué à Vitry-le-François, sous les ordres du commandant Duval. Les jeunes mobiles arrivés à Vitry le 12 août, ignoraient tout, du métier militaire. Nous empruntons à M. Louis Brouillon, dans son volume : « l'Argonne » (pages 62 et 63), l'historique très substantiel de ce combat de la Basse, auquel prirent part plusieurs de nos compatriotes.

Le 25 août 1870 le 4e bataillon des mobiles de la Marne ayant reçu l'ordre d'évacuer la place de Vitry-le-François, dont la défense avait été jugée impraticable, fut dirigé sur Sainte-Ménehould, pour de là, tenter de rejoindre l'armée de Mac-Mahon. La petite troupe était composée d'environ 1200 gardes mobiles, sans autre signe distinctif qu'une cocarde et armés de fusils à tabatière dont le maniement leur était à peu près inconnu. Ils étaient accompagnés des artilleurs de la 1re batterie de la Marne et de quelques soldats détachés. Le total se montait à 1500 hommes environ.

Arrivé, par la crête des coteaux de la Serre, à peu près en face du village d'Epense, la colonne vit tout à coup se porter dans sa direction, un escadron de cavalerie allemande, avant-garde de la 14e brigade. Celui-ci après avoir reconnu son effectif et essuyé quelques coups de feu sans portée, se replia sur des forces plus considérables.

Bien que l'apparition de l'ennemi eut été pour beaucoup, le signal de la débandade, le bataillon continuait depuis une demi-heure sa marche vers Sainte-Ménehould, lorsque la 14e et la 18e brigades de cavalerie allemande se portèrent à sa rencontre, accompagnées d'une batterie d'artillerie. La 14e brigade, cantonnée ce jour-là à Givry-en-Argonne, était commandée par le colonel comte von der Grœben. La 18e de son côté, partit de Sivry-sur-Ante sous les ordres du colonel d'Alvensleben. Ces brigades étaient commandées par des colonels, les généraux ayant été tués à Vionville.

Ce fut le 15e régiment de uhlans (3e et 4e escadrons), secondé d'un peloton du 6e cuirassiers, qui prit la part la plus directe à l'engagement. A l'approche de l'ennemi, la plupart des mobiles n'obéissant plus à la voix de leurs chefs, descendirent en désordre vers la ferme de la Basse (commune de Sivry-sur-Ante), dans l'intention de s'y abriter. Après avoir essayé vainement de défendre cette position, 843 hommes et 27 officiers furent faits prisonniers. Le major allemand von Friesen périt dans l'engagement. »

De Moiremont étaient partis pour Vitry-le-François les mobiles dont les noms suivent :

CHAUFFERT (Firmin) (1849), fils de Médard Chauffert et de Virginie Burgain.

HANNEQUIN (Alfred) (1848-1901), fils de Pierre-Nicolas Hannequin et de Virginie Daquin. Tous deux furent presque aussitôt renvoyés à Moiremont, en qualité de fils de veuves et soutiens de famille.

ÉLOI (François Julien) dit JULES (1846) fils d'Alfred Eloy et de Jeanne-Françoise Gerfaux.

ÉLOI (Nicolas-Anatole) (1849-1906), frère du précédent.

HANNEQUIN (Sévérien) (1849-1901), fils de Jean-Louis Hannequin et de Célestine Boudaille.

LORETTE (Henri-Julien-Auguste) (1846-1870), fils de Jean-Baptiste Firmin Lorette et d'Honorine Chémery.

MAUGET (Jules-Auguste) (1849- ?), fils de Pierre Frédéric Mauget et d'Arsène Arnould. Le sous-lieutenant Lorette voulant entraîner ses hommes, s'élança au devant de la charge et tomba le crâne percé d'un coup de lance. Auguste Mauget reçut un coup de sabre sur la tête. Eloi Jules et son frère, Hannequin Sévérien et Mauget revinrent à Moiremont à travers mille obstacles. Peu de temps après, Séverien Hannequin et Anatole Eloy rejoignirent l'armée de la Loire. Jules Eloi et Auguste Mauget demeurèrent à Moiremont ; ce dernier était fils de veuve. L'infortuné Henri Lorette, frappé mortellement en cette journée du 25 août, ne devait mourir que le 28 septembre, après d'indicibles souffrances. Son corps fut ramené à Moiremont et enterré religieusement le 30 septembre suivant.

* * *

YAMS (Maurice-Armand), né le 10 août 1861, était fils de Yams Jean-Philippe et de Marie-Louise-Armance Boudaille. Incorporé au 3e bataillon d'infanterie légère d'Afrique, il prit part à la campagne du Tonkin et mourut à Ti-Can le 13 mai 1888.

Le dernier nom qui termine la liste déjà longue de ceux qui, à des titres divers, servirent plus ou moins glorieusement leur pays, est celui de Narcisse-Joseph-Hubert Thiébaut.

THIÉBAUT, né le 16 janvier 1865, était fils de Louis-Joseph Thiébaut et de Marie-Justine Dorizy. Engagé au 1er zouaves, à l'âge de dix-huit ans, il passa au 2e bataillon d'infanterie légère d'Afrique et prit part à l'expédition du Tonkin où il conquit le grade de sergent. Epuisé et pris par la fièvre, Thiébaut rendit le dernier soupir le 21 juillet 1886 à quelques journées de la France, sur le vaisseau « le Tonkin » commandé par M. d'Hombes, capitaine de frégate.

VII

Bien que le présent travail ait pour but principal de rappeler aux générations actuelles ceux de nos compatriotes qui ont servi la patrie sur les champs de bataille, nous ne pouvons omettre de citer à leur suite d'autres habitants ou enfants de Moiremont qui se rappellent comme eux, à notre estime et à notre souvenir.

BOURGEOIS (Jean-Nicolas), fils de Jean Bourgeois et de Marie-Louise Capit. Il naquit à Servon en 1747 et vint s'établir à Moiremont, au moment de la Révolution, dans le château abbatial que la bande noire devait faire disparaître en 1839. J.-N. Bourgeois licencié en droit et chevalier du lis, fut maire de Moiremont de 1800 à 1803 et de 1808 à 1815 ; il mourut le 19 août 1815, agé de 68 ans.

« Son administration sage et éclairée, son zèle pour le bien public, sa tendre commisération pour le malheur, ont excité les regrets des gens de bien et les larmes du pauvre dont il fut le bienfaiteur. » — Ainsi parle son épitaphe, confirmée du reste, par le bon souvenir que gardent encore de lui les habitants de Moiremont.

CHÉMERY (Paul-François), né le 19 janvier 1814, était fils de Nicolas-Remy Chémery et de Françoise Lepointe. Il épousa Rosine Collet, de Belval, le 24 avril 1837 et fut maire de Moiremont de 1852 à 1878.

Le 9 mai 1861 au concours régional agricole de Châlons-sur-Marne, Paul-François Chémery fut honoré d'une prime de 5000 francs et d'une coupe d'honneur de 3000 francs, grand prix décerné à l'exploitation agricole la mieux dirigée et méritant le plus, par les améliorations réalisées, d'être donnée en exemple. P.-F. Chémery exploitait le domaine d'Hution, ancienne dépendance de la mense abbatiale, acquise en 1791 moyennant 42.000 francs par son aïeul Paul-Casimir Chémery, né à Varennes-en-Argonne et bourgeois de Sainte-Ménehould. Nommé inspecteur des fermes du camp, sous l'empire, P.-F. Chémery fut promu chevalier de la Légion d'honneur par Napoléon III. Il mourut le 1er mai 1880.

CHÉMERY (Jean-François-Alfred), né le 19 janvier 1839 était fils de Paul-François Chémery et de Rosine Collet. Chevalier du mérite agricole, lauréat en plus de cinquante concours, membre de la société des agriculteurs de France, conseiller d'arrondissement, vice-président du comité agricole de Sainte-Ménehould, Alfred Chémery fut aussi maire de Moiremont de mai 1899 au 2 octobre 1900, date de sa mort. Sur sa tombe, divers discours furent prononcés, notamment par M. Bertrand, député ; par M. Fiaux, sous-préfet ; par M. Adolphe Hérault, conseiller municipal et par M. Payart, président du tribunal civil de Sainte-Ménehould et président du Comice agricole du même arrondissement. « La vie agricole de Chémery, dit M. Payart, vouée toute entière à un travail incessant, à la recherche et à la réalisation du progrès agricole, reflétant de la part de notre cher vice-président une préoccupation constante d'être utile à son pays, mérite d'être proposée comme un exemple aux jeunes cultivateurs de la région... »

GARDIEN (Emile-Hubert-Bonaventure), né le 13 juillet 1832, était fils de Pierre Gardien et de Marie-Anne Jannin.

Entré au conseil municipal en 1860, Emile Gardien devint maire en 1878, et remplit ce mandat « sans interruption et à la satisfaction générale » jusqu'à sa mort survenue le 6 janvier 1899.

KONS (Alfred), né le 19 juillet 1863, fils de Kons François-Silas, dit Philogène et de Françoise-Clarisse Thomas, a reçu la médaille militaire.

LAUNOIS (Pierre-Emile), fils de Louis-Gustave Launois et de Marie-Apolline Drouet-Fleurizelle, naquit à Moiremont le 24 juillet 1856. M. Launois, docteur en médecine, professeur à la faculté de médecine de Paris, a été nommé successivement officier d'académie, officier de l'instruction publique, et chevalier de la Légion d'honneur.

LOGETTE (Jules), né le 7 janvier 1865, fils de Carolus Logette et d'Elvire Jannin, a reçu la médaille militaire.

Sic patriæ volumus, sic nobis vivere cari. »

TABLE DES NOMS DE PERSONNES

79832 Reims. — Imprimerie MATOT-BRAINE, rue du Cadran-Saint-Pierre.

www.ingramcontent.com/pod-product-compliance
Ingram Content Group UK Ltd.
Pitfield, Milton Keynes, MK11 3LW, UK
UKHW021147220726
13924UKWH00003B/1047

9 782019 936525